GEMELOS

Conozca y respete su
individualidad
como seres humanos

Escrito por una gemela, este libro constituye la guía más efectiva y práctica para los padres de gemelos que deseen aprender a conducirlos por la vida respetando su individualidad, comprendiendo sus necesarias similitudes y brindándoles los medios para que sean felices y disfruten de su condición gemelar. Además de ser gemela, la autora es licenciada en pedagogía especializada en gemelos.

A mi madre por su ternura,
la cual motivó que escribiera este libro

A mi padre por su apoyo y cariño

EDAMEX

LIBROS PARA

SER *LIBRES*

www.edamex.com

GEMELOS

Conocimientos Generales
y Sugerencias prácticas para
Desarrollar su Individualidad

Mónica Aguirre López

Título de la obra: **GEMELOS**

Cuidado de la edición: Miriam Romo
Portada: Departamento artístico de EDAMEX.
Margarita Hernández.

Colección: Educación y Pedagogía

Ficha Bibliográfica:

Aguirre López, Mónica
Gemelos
128 pág. de 14 x 21 cm.
Ilustraciones. Esquemas, Bibliografía.
14 Educación y Pedagogía   25. Psicología   21. Medicina y salud

ISBN-970-661-111-8

EDAMEX, Heriberto Frías 1104, Col. del Valle, México 03100.
Tels. 5559-8588. Fax: 5575-0555 y 5575-7035.

Para enviar un correo electrónico diríjase a la página de internet:

www.edamex.com

Impreso y hecho en México con papel reciclado.
Printed and made in Mexico with recycled paper.

Miembro No. 40 de la Cámara Nacional de la Industria Editorial Mexicana.

Índice

PRÓLOGO

La aventura sin igual de ser padres de gemelos, idénticos o no, conlleva sin lugar a dudas una doble responsabilidad en la tarea de conducirlos por la senda de la vida, conocer y respetar su individualidad como seres humanos, así como sus necesarias similitudes para educarlos y desarrollarlos en toda su plenitud física, emocional, intelectual y moral; comprender mejor su realidad, gozándolos más para la felicidad y bienestar de toda la familia.

Sin duda que uno de los tantos méritos de este libro escrito precisamente por una gemela, reside en la gran necesidad de contar con una guía didáctica para padres

de gemelos, como el que hoy nos entrega la Pedagóga Mónica Aguirre López, que de manera científica y seria pero a la vez amena; de forma descriptiva pero sintética, informa y orienta a los padres de individuos genéticamente iguales o no, para que se adentren en la personalidad de sus gemelos, en sus habilidades y limitaciones, en sus emociones y sentimientos, en las relaciones que se establecen entre los gemelos y que les permitan a sus padres conocer los aspectos en los que suele haber mayor identificación o diferencias entre ellos, para así conocer sus relaciones con: la familia, los amigos, el entorno escolar y para propiciar su educación moral.

Todos estos temas son abordados por la autora, quien además da una serie de sugerencias para desarrollar la personalidad de los gemelos.

Bienvenido, este libro didáctico, cuyo éxito estamos seguros, servirá para estimular más aún a la autora en sus futuras aportaciones a la Pedagogía.

Maestra Luz Beatriz
Unna Parra

INTRODUCCIÓN

El término **gemelos**, comprende a dos hermanos con ciertas características físicas y biológicas que los hacen parecer aparentemente iguales. Sin embargo, los gemelos son dos personas que deben ser vistas y tomadas en cuenta de manera individual e independiente, principalmente por los padres de familia, ya que al conocer e identificar éstos a cada uno de sus hijos durante los primeros años de vida, según su propia manera de pensar, actuar y sentir, podrán orientarlos en el desarrollo de su propia identidad, permitiéndoles reconocerse a sí mismos con una personalidad auténtica, definida y segura, dando soluciones únicas a cada situación que enfrenten.

Importancia histórica de los gemelos

Desde los tiempos más remotos en la historia los **gemelos** han tenido un papel fundamental y han sido motivación para numerosos estudios realizados por: científicos genetistas, médicos, psicólogos, pedagogos y sociólogos. Los científicos se han preocupado por observar algunos aspectos como las similitudes y diferencias en hábitos, parentesco, desarrollo, información genética e influencias que el ambiente guarda en la expresividad de esta información genética.

Al estudio de los gemelos se le conoce con el nombre de gemelología que proviene de la palabra latina *geminus* que significa hermano gemelo.

El primer científico interesado en las similitudes y diferencias en gemelos fue **Francis Galton**, primo de Darwin, quien en 1875 comenzó a realizar estudios sobre gemelos en la Gran Bretaña.

Algunos ejemplos de la importancia de los gemelos en la historia lo constituyen Rómulo y Remo, los gemelos del mito romano, quienes fueron puestos en una canasta y arrojados al río Tiber por su tío Amulius, dado que representaban una fuerte amenaza para su trono. Los gemelos fueron rescatados y amamantados por una loba en la pendiente de la montaña del Palatino para después ser descubiertos por un pastor de nombre Faustilus que junto con su esposa se hizo cargo del cuidado de los gemelos. Al llegar a la madurez los gemelos desplazaron a Amulius del trono. Fue entonces cuando Rómulo y Remo, decidieron construir la gran ciudad que hoy conocemos como ROMA.

Así también encontramos a **Esaú e Israel**, este último padre de las 12 colonias de Israel, **Castor y Pólux**, personajes mitológicos que representan la constelación de géminis, **Artemisa y Apolo**, también personajes mitológicos, por citar algunos ejemplos.

Algunas creencias sobre los gemelos denotan que en una tribu de África conocida con el nombre de **Yoruba** los gemelos eran considerandos espíritus de dioses que habían vuelto, en Tanzania la tribu **Kagaru** creía que los gemelos tenían poderes temibles, por lo que al nacer los mataban y en Canadá la tribu **Tsimshian** consideraba a los gemelos salmones convertidos en niños.

ORIGEN DE CADA GEMELO COMO INDIVIDUO

Cada gemelo como individuo tiene su origen en:

INFORMACIÓN HEREDITARIA (ADN)

Se transmite por medio del proceso de fecundación que se da entre uno o más óvulos provenientes de la madre y uno o más espermatozoides provenientes del padre.

DESARROLLO FÍSICO

El crecimiento proporcional y adecuado de todas y cada una de sus partes, órganos, aparatos y sistemas, tanto antes como después del nacimiento.

DESARROLLO PSICOLÓGICO

Comprende el desarrollo de la autoestima, esto es, la valía que tiene cada individuo de sí mismo. La autoestima está en relación con las habilidades y limitaciones propias de cada individuo y que al compararlas con las de los demás, generan emociones y sentimientos de aceptación o rechazo de acuerdo con las similitudes y diferencias que lo distinguen y que le permiten responder a sus necesidades.

AMBIENTE

Dentro del cual crece, se desarrolla e interactúa al relacionarse con otros individuos en los cuales influye y es influido al desempeñar diferentes papeles o roles (hijo, alumno, amigo etc.) que le van proporcionando experiencias y le hacen actuar de una manera específica.

Estos aspectos proporcionan diferencias en los individuos y en el caso de los **gemelos** van caracterizándolos como seres únicos e irrepetibles, con una personalidad inigualable, aún y cuando puedan contener la misma carga genética, pertenezcan a la misma familia y tengan un desarrollo simultáneo.

¿QUÉ SON LOS GEMELOS?

Son el resultado de la concepción y el simultáneo desarrollo de **dos individuos** en la cavidad uterina.

Por su concepción los gemelos se clasifican en monocigóticos y dicigóticos.

GEMELOS MONOCIGÓTICOS, MONOVULARES O IDÉNTICOS

- Provienen de la fecundación de un óvulo por un espermatozoide.
- Son del mismo sexo (predominantemente femenino)
- Contienen la misma carga genética
- Pueden compartir las mismas membranas fetales y la placenta.

Los gemelos monocigóticos tienen por lo general su origen en la separación de los embriones durante la etapa más temprana del desarrollo: a partir de una sola célula fecundada se forman dos individuos en lugar de uno. El 25% de este tipo de gemelos presenta el fenómeno de **la inversión lateral o imagen espejo**. En este fenómeno los gemelos muestran características únicas de forma paralela, pero distintas en algún lado del cuerpo, es decir, uno de los gemelos es zurdo, mientras que el otro es derecho; esto puede presentarse de la misma manera por mencionar otros ejemplos con: las huellas digitales, caries dentales, lunares e incluso llegar a grados extremos como anomalías físicas o enfermedades en donde se vea afectada alguna parte del cuerpo o algún órgano vital.

GEMELOS MONOCIGÓTICOS, MONOVULARES O IDÉNTICOS

Esperma

Óvulo

Cigoto

GEMELOS DICIGÓTICOS, BIOVULARES O FRATERNOS

- Son llamados también cuates o mellizos
- Provienen de la fecundación de:
  Dos óvulos con dos espermatozoides.
- Pueden ser de sexo igual odiferente.
- Pueden ser del mismo tipo sanguíneo.
- No contienen la misma carga genética.
- Son considerados como hermanos
  simultáneos.
- No comparten las mismas membranas fetales.
- Pueden compartir la misma placenta.

GEMELOS DICIGÓTICOS

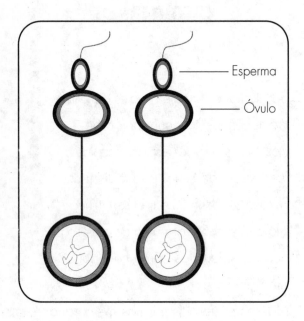

Esperma

Óvulo

MEMBRANAS FETALES
Y PLACENTA EN GEMELOS

Los gemelos dentro de la cavidad uterina, matriz, se encuentran rodeados por dos membranas fetales y la placenta, las cuales se encargan de proteger a cada uno de ellos y proporcionarles los nutrientes necesarios para desarrollarse adecuadamente, antes de su nacimiento.

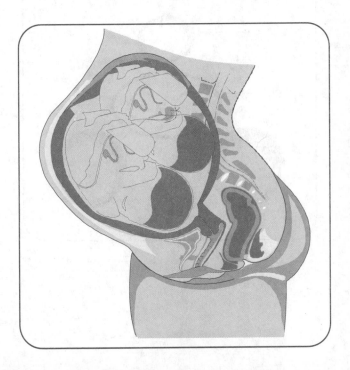

Según la clasificación de gemelos, monocigóticos o dicigóticos, la naturaleza de las membranas fetales y la placenta puede ser de la siguiente manera:

A) *Gemelos Monocigóticos*

No comparten placenta.
No comparten membranas fetales.

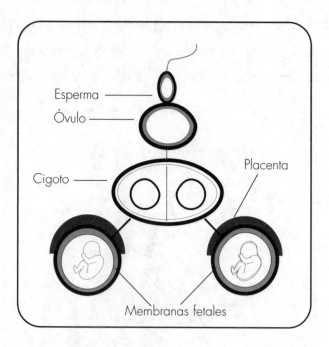

Comparten placenta.
No comparten membranas fetales.

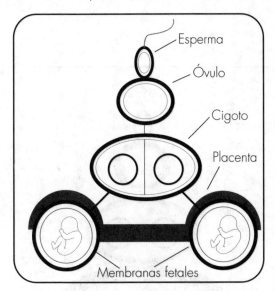

Comparten placenta.
Comparten una membrana fetal.

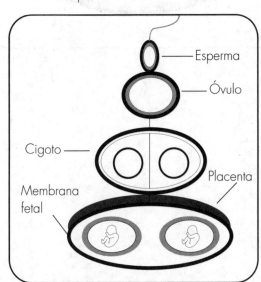

Comparten placenta.
Comparten las dos membranas fetales.

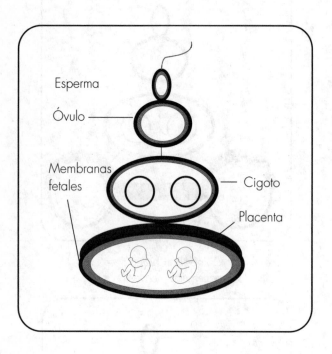

Esperma

Óvulo

Membranas
fetales

Cigoto

Placenta

B) Gemelos Dicigóticos

No comparten placenta.
No comparten membranas fetales.

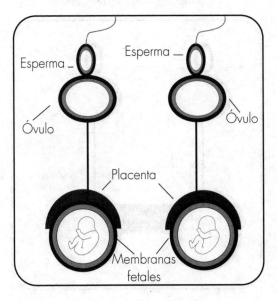

Comparten placenta.
No comparten membranas fetales.

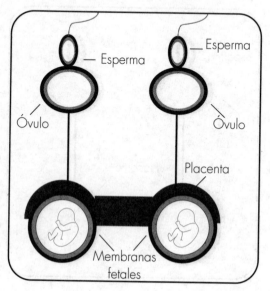

Esperma

Esperma

Óvulo

Óvulo

Placenta

Membranas
fetales

La naturaleza de las membranas fetales y la placenta en gemelos, pueden ser indicativos de las relaciones y el parecido entre cada uno de ellos, probablemente por el medio fetal similar que se este o no compartiendo.

Observaciones de especialistas afirman que el segundo gemelo es más propenso a presentar problemas en lo que se refiere al desarrollo físico, psicológico y social, lo cual supone que esto se deba a un mayor sufrimiento en el momento del nacimiento por posición anormal, cordón umbilical enredado o desprendimiento de la placenta, entre otros. Sucede también que el segundo gemelo por estar dañado previamente tarde más en nacer. En ocasiones también padece lesiones y accidentes por falta de atención y cuidado de sus padres.

Un síndrome conocido como Transfusión de gemelo a gemelo ocurre en gemelos que comparten la misma placenta; la sangre de uno de ellos pasa al otro provocando desnutrición en el primer gemelo a diferencia del segundo, el cual al quedarse con la mayor cantidad de sangre tendrá una acumulación excesiva de la misma. Este síndrome puede darse en un grado muy pequeño por lo que no trae alteraciones a ninguno de los gemelos.

Datos estadísticos sobre gemelos

La propensión a tener un embarazo gemelar es transmitido por **la madre**.

La probabilidad para que se dé un **embarazo gemelar** es de **1** en **100** embarazos. En México viven actualmente 1,700,000 gemelos.

Tres de cada 10 embarazos gemelares son de tipo **monocigóticos**. Esto se debe a la carga genética idéntica que contienen los gemelos monocigóticos y por lo cual resulta aún más difícil su concepción, ya que una pareja puede llegar a engendrar 70 billones de descendientes con combinaciones genéticas diferentes.

Con los tratamientos que hoy existen para la infertilidad (que estimulan el proceso de ovulación), el caso de embarazos gemelares asciende, siendo estos **gemelos** de tipo **dicigóticos**.

Las poblaciones que presentan un mayor incremento de nacimientos gemelares son: la africana con una probabilidad de **1** nacimiento gemelar por **40**. Posteriormente la europea con **1** nacimiento gemelar por **80**, la estadounidense con **1** nacimiento gemelar por cada **90** y la latinoamericana con **1** nacimiento por cada **100**. La asiática presenta el índice más bajo en nacimientos gemelares.

No obstante, cualquiera que sea la raza, cultura o etnia con mayor incremento **los gemelos** siempre serán **un milagro!**

LA PERSONALIDAD

La personalidad conforma a todo el individuo en su manera de pensar, actuar y sentir, lo cual siempre será diferente en todos los individuos aunque contengan la misma carga genética.

Una etapa importante en el desarrollo de la personalidad comienza a partir de la segunda infancia, es decir, de los 2 a los 6 años. Durante esta etapa el niño es capaz de conocer y darse cuenta de comportamientos, así como de ciertas actitudes de las personas que le rodean, primordialmente de familiares, las cuales concientiza, aprende, experimenta y le dan la pauta en la manera de ser, pensar y actuar condicionándolo a lo largo de toda su vida.

La personalidad se compone de acuerdo con el temperamento y el carácter.

El **temperamento** es la manera natural e inigualable de responder a los estímulos del medio y no puede ser modificado: aventurero, tímido, aprehensivo, extrovertido...

El **carácter** es la manera habitual de responder a los estímulos del medio y sí puede ser modificado: manipulador, disciplinado, perezoso, atento y desordenado entre otros.

LA PERSONALIDAD EN GEMELOS

Considerar el desarrollo de un niño que es gemelo con relación al de aquél que no es gemelo es fundamental, ya que al crecer y desarrollarse dentro de una misma etapa evolutiva con un hermano gemelo, éste debe ser orientado por sus padres de un modo singular, que le permita ser capaz de relacionarse con otras personas, tomar la iniciativa ante situaciones diversas y lograr tomar decisiones propias.

El no reconocer a cada uno de los gemelos dentro de la familia como personas singulares, es decir, únicas e irrepetibles, trae consigo alteraciones en la conformación de la personalidad en cada uno de ellos.

LA PERSONALIDAD EN GEMELOS

UN SELLO DE AUTENTICIDAD

Aunque dos individuos sean genéticamente iguales, cada uno de ellos es un ser humano, que posee una individualidad propia, que puede ser compartida, mas no copiada exactamente.

LOS SENTIDOS
Oído, Vista, Olfato, Gusto y Tacto

Los gemelos pueden presentar diferencias de tipo sensorial, uno con relación al otro gemelo.

El lenguaje

Asimismo un gemelo puede presentar diferencia en el desarrollo del lenguaje con relación a su hermano gemelo.

¡Espérame!

GUSTOS Y PREFERENCIAS

Habitualmente existe una gran similitud en los gustos y preferencias de los gemelos.

En la mayoría de los casos: visten de la misma manera, gustan de ser gemelos ya que no están solos, consideran a su hermano gemelo como su mejor amigo, respetan sus gustos e intereses y asisten a los mismos lugares.

PERCEPCIÓN INDIVIDUAL ENTRE GEMELOS

Cada uno de los gemelos generalmente se percibe a sí mismo con su propia forma de ser y personalidad, reconociendo similitudes en cuanto al físico y algunos gustos.

HABILIDADES Y LIMITACIONES

Entre los gemelos usualmente se da un respeto
mutuo en lo que se refiere a las
habilidades y limitaciones; en
muchas ocasiones no practican
las mismas actividades, sin embargo,
al compartir momentos y lugares juntos
tiende a propiciarse una gran imitación
entre ellos.

EMOCIONES Y SENTIMIENTOS

Es común que en los gemelos se dé una gran influencia en cuanto al estado de ánimo. Los sentimientos que se generan durante la segunda infancia son principalmente: amor, colaboración y protección mutua.

RELACIONES ENTRE GEMELOS

La mayoría de las veces los gemelos:

- Comparten sus cosas personales

- Muestran una actitud accesible ante la opinión de uno respecto del otro.

- La imagen que cada uno de los gemelos tiene con respecto a su hermano es muy importante.

Los gemelos tienden a una comunicación muy estrecha y a veces entendible solo por ellos, ya que puede estar basada en símbolos, gestos, sonidos etc.

Al tomar la iniciativa sólo ocasionalmente uno se ve limitado por su hermano gemelo. En el momento de elegir, generalmente, lo hacen libremente sin sentir manipulación por su hermano gemelo, aunque normalmente están de acuerdo con su opinión.

Dependiendo las circunstancias en las que se encuentren los gemelos, en algunos casos uno de ellos tiende a tomar el papel de líder y el otro el papel de seguidor.

Uno de los ámbitos en el cual es común que los gemelos se encuentren juntos es el escolar; en la mayoría de las ocasiones ocupan aulas diferentes ya que se fomenta que el aprendizaje sea desarrollado y asimilado de manera individual.

Aspectos en los que suele haber mayor identificación entre los gemelos

Hábitos

Gestos faciales

ASPECTOS EN LOS QUE SUELE HABER MAYOR DIFERENCIA ENTRE LOS GEMELOS

Agresividad

Timidez

Personalidad

Relaciones entre gemelos y familiares

Por lo general, los gemelos se encuentran en familias donde hay más hermanos; en ellas se percibe a cada uno de los gemelos por su propia forma de pensar, actuar y sentir, y generalmente, reciben el mismo trato por parte de los familiares, aunque los gemelos rara vez tratan a cada uno de los miembros de la familia, de la misma manera en la que se tratan entre sí.

Relaciones entre gemelos y amigos

Los gemelos suelen tener las mismas amistades; en sus juegos casi siempre permiten la participación de otras personas.

En ocasiones, les cuesta trabajo darse a conocer individualmente a los demás; los relacionan como "Los Gemelos" o "Los Cuates".

Desempeño de tareas

En términos generales antes de realizar cualquier tipo de actividad, ya sea escolar, familiar o de juego, los gemelos se ponen de acuerdo entre ellos.

Educación formal: preescolar

El aprovechamiento académico entre los gemelos tiende a ser similar y en la mayoría de las ocasiones está condicionado por el profesorado que a cada uno de ellos enseña.

Educación moral

Ante los actos positivos y negativos de uno de los hermanos gemelos, el otro casi siempre participa de ellos desarrollando una cierta complicidad.

Sugerencias prácticas para desarrollar la individualidad de los gemelos

LOS SENTIDOS

Si en uno de los gemelos o ambos existe algún tipo de diferencia relacionada con los órganos de los sentidos, como por ejemplo usar anteojos, aparatos auditivos, u otros, es muy importante explicarles por medio del diálogo, que dichas diferencias los hacen ser diferentes y con ellas son igualmente valiosos e importantes.

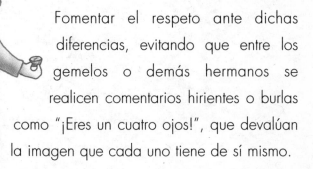

Fomentar el respeto ante dichas diferencias, evitando que entre los gemelos o demás hermanos se realicen comentarios hirientes o burlas como "¡Eres un cuatro ojos!", que devalúan la imagen que cada uno tiene de sí mismo.

Los sentidos se pueden desarrollar jugando con texturas, colores, olores, sabores y sonidos, dando a cada gemelo la oportunidad de identificarlos sin la interrupción de su hermano y respetando turnos.

EL LENGUAJE

Los niños gemelos tardan más tiempo en hablar que aquellos que no lo son, pero esto no significa que no podrán hacerlo de una manera correcta.

Si en uno de los gemelos se presentan diferencias en lo que respecta al lenguaje como falta de vocabulario, mala pronunciación o confusión de palabras, es posible corregirlas con juegos en donde participen los dos gemelos ,como: trabalenguas sencillos, memorización de canciones y explicación de nuevo vocabulario, propiciando la ayuda mutua. Sin embargo también puede presentarse tartamudez o dislexia por citar algunos ejemplos, que deberán ser tratados por un especialista.

GUSTOS Y PREFERENCIAS

No intercambiar vestuario, juguetes u objetos varios, lo cual puede evitarse con marcas o alguna señal, por ejemplo: los calcetines que tienen una V son de Verónica y los que tienen una M son de Mónica.

No cometer el error de comprar un solo artículo de juego, vestido o dulces para ambos gemelos, por ejemplo, un solo pastel de cumpleaños; ya que al comprar un artículo para cada uno de ellos se fomentará el sentido de propiedad que responsabilizará a cada uno de los gemelos de lo suyo.

Sin embargo cuando un artículo de juego, vestido u objeto sea para ambos hay que motivar a cada gemelo a compartir, estableciendo periodos de tiempo en los cuales podrán utilizarlo, de esta manera se evitarán peleas que deteriorán la relación entre ambos. Por ejemplo: "¡En 10 minutos le prestas el coche a tu hermano!"

No se debe creer que ambos gemelos gustan siempre de lo mismo, es importante preguntar a cada uno de ellos y escuchar su elección. Por ejemplo: "¡No me gusta vestir igual que mi hermana!"

PERCEPCIÓN INDIVIDUAL ENTRE GEMELOS

Señalar las pequeñas o grandes diferencias que existan entre los gemelos, siempre en positivo y sin establecer competitividad, por ejemplo: "¡Tu cantas bien y tu hermana baila éxtraordinario!"

Hacer sentir a cada uno de los gemelos como integrante único de la familia, aceptándolo tal cual es y acercándose con amor a cada uno al enfrentar alguna dificultad para decirle el porqué de sus actitudes acertadas y erróneas.

Valorar la intención por parte de uno o ambos gemelos al realizar alguna actividad por iniciativa propia aunque el resultado de dicha actividad no sea acertado, por ejemplo tomar el vaso de agua y tirarlo accidentalmente.

Es importante que cada uno de los gemelos logre distinguir aquellas características que lo hacen ser diferente de su hermano gemelo, esto se puede propiciar primeramente colocando a ambos gemelos ante un espejo y señalarles aquellos rasgos como lunares o marcas para que posteriormente ellos mismos distingan habilidades o ilncluso limitaciones que los hacen ser diferentes.

Evitar poner como ejemplo la actitud positiva de uno de los gemelos con la finalidad de que el otro actúe de la misma manera o ridiculizarlo, ya que se podría propiciar que éste deje de hacer las cosas por sí mismo por temor a ser ofendido de nuevo. Por ejemplo: "¡Tu hermano escribe mejor que tú!"

También es importante motivar la repetición de actitudes positivas mediante el elogio o halago en ambos gemelos.Por ejemplo: "¡Lo hiciste, muy bien!"

HABILIDADES Y LIMITACIONES

 Aunque sea poco práctico, debido a las largas distancias en las grandes ciudades, se deben de estimular las habilidades diferenciales entre los gemelos practicando cada uno deportes y actividades distintas.

Es importante tomar en cuenta la decisión individual de cada uno de los gemelos, ya que permitir a cada uno expresar su opinión y sentir aprobación por ella hará que cada uno se conozca, sepa qué es lo que quiere, qué le gusta, le disgusta y hasta dónde puede llegar. Por ejemplo: ¡A mí me gusta, quiero y puedo dibujar!

Es preciso también llevar una observación constante para detectar limitaciones y fomentar un desarrollo equitativo de las habilidades de cada uno de los gemelos. Por ejemplo si uno de los gemelos manifiesta "No puedo patinar como mi hermano", habra que explicarle "Bueno, pero puedes andar en bicicleta y lo haces muy bien ¡Hazlo!"

Fomentar una mayor tolerancia a la frustración, haciendo ver a cada uno de los gemelos que todos hacemos las cosas de modo diferente y no siempre salen bien o como esperabamos, pero siempre puede intentarse de nuevo, probando nuevas alternativas o sugiriendo ejemplos por medio de instruciones claras y precisas,por ejemplo: "Si no puedes abrocharte las agujetas intenta primero haciendo nudos."

EMOCIONES Y SENTIMIENTOS

No desligar a los gemelos, explorar sentimientos y emociones de manera independiente e individual en cada uno de ellos, para que de esta manera se les eduque de acuerdo con sus propias características emocionales y afectivas. Por ejemplo: "¿Estás triste? ¿Qué te molesta?"

Es deseable promover el desempeño de tareas y actividades en donde tengan que participar los gemelos en equipos diferentes, si se nota demasiada dependencia, por ejemplo: "¡No voy a la fiesta si no va mi hermana!"

Motivar actitudes afectivas, es decir, dejar que los gemelos se demuestren cariño por medio de un abrazo, un apretón de manos, caricias o decir te quiero.

Relaciones entre gemelos

Es fundamental permitir a cada uno de los gemelos expresar su propia opinión.evitando imposiciones. Por ejemplo: "¡Porque lo digo yo!"

Propiciar que la comunicación de cada uno de los gemelos hacia el medio ambiente no se vea limitada, esto es darles espacio para que entre ellos acuerden. Por ejemplo:

–Primero tú y después yo

–¿De acuerdo?

–¡De acuerdo!

Reafirmar, reconocer y aceptar la identidad personal de cada uno, es decir que aún cuando muestren temperamentos diferentes, por ejemplo: Juan es muy serio y Pedro es muy expresivo, es preciso amar y respetar a cada uno de los gemelos por el simple hecho de que existen.

Es preciso también propiciar un total respeto a la individualidad de cada uno de los gemelos en cuanto a sus hábitos, gestos faciales y costumbres. Fomentar que entre cada uno de los gemelos se escuchen, dándose a entender con el diálogo y no gritando e interrumpiéndose.

RELACIONES ENTRE GEMELOS Y FAMILIARES

Promover la integración entre los gemelos y los demás hermanos por medio de la comunicación, el juego o pequeñas tareas en las que participen en equipo, tales como organizar un grupo musical, decorar un pastel, levantar las cosas que estén fuera de su lugar, buscar algo perdido...

Es importante no compararlos entre sí, ya que se puede generar sentimientos de rivalidad.

Procurar una igualdad en: tiempo, cariño, alimentación y dedicación.

Llamar a cada uno de los gemelos por su nombre.

Evitar favoritismos, ya que en muchas ocasiones alguno de los padres o ambos tienen algún tipo de preferencia hacia alguno de los gemelos, las cuales en la mayoría de los casos se deben a:

• Identificación de uno de los padres con el carácter o temperamento de alguno de los gemelos, es decir: que uno de los gemelos sea extrovertido como alguno de los padres lo cual hace que lo prefiera a diferencia de aquel gemelo con temperamento tímido.

• Rasgos físicos y ademanes iguales a los que realiza alguno de los padres, imitándolo, por ejemplo cantar durante el baño.

• Que uno de los gemelos muestre alguna dificultad y por consiguiente la actitud de alguno de los padres o ambos se muestre sobreprotectora. Por ejemplo que uno no pueda cargar la mochila o comer por sí mismo.

• Que uno de los gemelos muestre mayor autosuficiencia, es decir, que pueda realizar las cosas por sí mismo, que por ejemplo tienda su cama y se vista solo.

Una obsevación constante de los padres hacia sus hijos gemelos les permitirá conocer y reconocer a cada uno de ellos y atender las necesidades individuales de cada uno.

Relaciones entre gemelos y amigos

Se sugiere fomentar amistades de acuerdo con la manera de ser individual y única de cada uno de los gemelos, evitando comentarios agresivos o sarcásticos que afecten el que cada uno de los gemelos pueda relacionarse de manera independiente, por ejemplo "¡Tu hermano es muy divertido y por eso tiene muchos amigos, en cambio tú eres muy serio y nadie quiere estar contigo!

Hacerle saber a cada uno de los gemelos que así como su hermano gemelo, existen otros niños con los cuales puede divertirse, jugar y aprender.

Es importante promover la participación de otros compañeros o amigos en los juegos en los que participen los gemelos.

DESEMPEÑO DE TAREAS

Evitar la copia, promoviendo el apoyo mutuo entre los gemelos en la realización de cualquier actividad o tarea; reafirmando aciertos y explicando errores.

Fomentar la creatividad individual en cada uno de los gemelos por medio de dibujos libres,

realizando favores o encargos según el gusto de cada uno, tales como: regar las plantas, contestar el teléfono, levantar los platos de la mesa u otras actividades acordes a su capacidad.

También es importante fomentar actividades de acuerdo al gusto individual de cada uno de los gemelos, tales como: pintura, canto, baile...

EDUCACIÓN FORMAL

En el ámbito escolar pueden estar en la misma escuela, a menos de que esta cercanía genere en ellos conductas agresivas, pasivas o patológicamente competitivas, tales como el resentimiento o insultos.

Conviene reforzar actividades psicomotrices, de acuerdo con las habilidades individuales de cada uno de los gemelos por medio de juegos tales como: hacer figuras de papel, hilar o enhebrar cuentas, elaborar figuras de plastilina, dibujar e iluminar o integrar figuras geométricas.

Estar en constante comunicación con los maestros o profesores que enseñen a cada uno de los gemelos con la finalidad de lograr un aprendizaje tanto de sus habilidades como de sus limitaciones, así como para conocer más a cada uno de los gemelos y reforzar en el hogar las actividades realizadas durante la clase, aprovechando al máximo las capacidades que cada uno posee.

EDUCACIÓN MORAL

Educar en valores de acuerdo con el temperamento y el carácter individual de cada uno de los gemelos, es decir, saber elegir el momento para acercarse a cada uno de los gemelos.

Predicar con el ejemplo, para que cada uno de los gemelos pueda asimilar de una manera individual y propia, es decir, que los padres actúen de la forma en la que quieran que sus hijos actúen.

Propiciar la amistad entre los gemelos mediante el

trabajo en equipo, respetando normas, por ejemplo enseñarlos a que esperen su turno durante cualquier juego.

Fomentar el valor de la solidaridad a través de la colaboración y ayuda mutua.

Enseñar a perdonar y a pedir perdón, lo cual puede lograrse reconociendo los errores que se cometen.

Estimularlos a no decir mentiras, culpando a su hermano gemelo ante actos propios.

Promover el valor del respeto entre cada uno de los gemelos evitando burlas o los apodos.

Inculcar la fe, cualquiera que sea la religión o credo de los padres de los gemelos, por ejemplo rezar al ángel de la guarda.

Promover en cada uno de los gemelos el cuidado a sí mismo mediante una adecuada higiene personal. Por ejemplo lavarse los dientes después de cada comida.

Enseñar a cada uno de los gemelos el valor de las cosas haciéndoles ver su utilidad y la importancia de su cuidado. Por ejemplo pedirles que pongan la basura dentro del basurero y que no desperdicien la comida.

Los valores se enseñan mediante hábitos, para los cuales resulta mucho más fácil su repetición a través de horarios, tales como establecer una hora para comidas, para el juego, para dormir o para realizar tareas, respetándolos y no permitiendo su falta a ninguno de los gemelos, es decir, ambos tienen que cumplirlos.

Ser gemelo es una experiencia única en la vida, increíble. Tener a alguien que luce como tú, es una aventura que vale la pena vivir.

Tú lector, si tienes la suerte como yo de compartir la vida con un gemelo ¡felicidades! si no, imagínate qué sería de ti con alguien acompañándote en este viaje.

Espero que este libro te ayude a comprender esta realidad y disfrutarla más, siendo parte de ella.

Apéndice 2

Para mayor información
Consultar las siguientes fuentes

Libros

1. AGUIRRE LÓPEZ, Mónica; "El Estilo Personalizado como apoyo a la Educación Familiar en Hogares Integrados por Gemelos en la Segunda Infancia"
Tesis Profesional para obtener el título de Licenciado en Pedagogía, Universidad Panamericana, 1998; 177 p.
(Este trabajo de investigación contiene los principales aspectos del desarrollo evolutivo, psicológico y social del niño de 3 a 6 años enfocado a familias integradas por gemelos enfatizando el desarrollo de la personalidad y detectando los primordiales elementos a ser orientados por los padres de familia a través de un estudio de campo en el que se utilizó una muestra representativa de 30 gemelos y en donde la mayor parte de los resultados obtenidos se han vertido en este libro)

2. AGNEW, Connie, *et. al*; "TWINS! Pregnancy, Brith and the first year of life"
Ed Harper Perennial; New York 1997; 303 p.

(Es una obra dedicada al conocimiento que toda madre debe saber sobre gemelos; algunos de los aspectos que aborda son: qué son los gemelos, cuidados prenatales de gemelos, ejercicios de rutina para una madre embarazada de gemelos, el desarrollo de los gemelos desde las cuatro semanas hasta las 36 semanas de gestación, trabajo y labor de parto, la llegada a casa con los gemelos, así como el cuidado y crecimiento de los gemelos desde el nacimiento hasta el primer año de vida).

3. BEE, Helen, *et. al*; "El desarrollo de la persona en todas las etapas de su vida"
Ed. HARLA; México 1987; 126 p.p.
(Menciona la similitud que se da en el coeficiente intelectual, el cual se desarrolla más en gemelos idénticos que en fraternos, debido al trato que reciben de sus familiares, es decir, si respetan su individualidad o no. Asimismo muestra algunos estudios de gemelos criados por separado).

4. CRAIG, Grace; "Desarrollo Psicológico"
Ed. Prentice Hall; México 1994; 74-100 p.p.
(Desarrolla aspectos de personalidad en gemelos y que

son transmitidos por sus padres haciéndose muy patentes entre ambos y que son: la sociabilidad, actividad, entre otros, asimismo desarrolla la genética conductual y reproducción celular en gemelos).

5. CARLSON, Bruce; "Embriología Básica de Patten" Ed. Mcgraw Hill; México 1998; 35-37 p.p. (Maneja la genética partiendo de un nivel introductorio en el cual el autor nos da a conocer, entre otros aspectos, los embarazos múltiples, su origen y desarrollo desde la etapa más temprana).

6. EBERHARD, Passarge; "Color Atlas of Genetics" Ed. Thieme Medical Publishers, Inc; New York 1995; 411 p. (Da a conocer a través de esquemas y diagramas a color un sin fin de aspectos genéticos que conforman al individuo, es un texto especializado que aborda el estudio de la concepción de gemelos de un modo científico y profundo).

7. FAMILIA Y SALUD; "Embarazo, Parto y Postparto" Ed. futuro Carrera; 8 tomos; México 1993; 153 p. (Este libro forma parte de una enciclopedia, en él se encuentra

un estudio de gemelos y embarazos múltiples, nos muestra algunos porcentajes significativos de gemelos, así como algunos síntomas, trastornos, precauciones, complicaciones, diagnósticos y controles médicos que deben de tenerse en consideración a lo largo de un embarazo gemelar)

8. GANS, Debra and Lisa; "The book of TWINS"
Ed. Byron Press Visual Publications; New York 1998; 135 p.
(Incluye más de 40 historias de gemelos idénticos y fraternos, contiene información sobre el nombre de gemelos en diferentes partes del mundo, porcentajes de gemelos idénticos que han contraído matrimonio con una pareja de gemelos también idénticos, estadísticas sobre embarazos gemelares en Estados Unidos de Norteamérica, las diez preguntas más frecuentes hechas a los gemelos, etc.)

9. GUIZAR – VÁZQUEZ, Jesús; "La Aventura de los Alelos: Genética para Niños"
Ed. TAXXX; México 1994; 16 p.
(A modo de cuento, da a conocer cómo es que se da la transmisión hereditaria a través de los genes y durante el proceso de fecundación, explicando de esta manera

aquellos rasgos que tienen mayor probabilidad de presentarse en los hijos según sea el caso de cada uno de los padres, está manejado con un lenguaje claro y sencillo para ser entendido por niños).

10. HAMILTON, et. al; "Embriología Humana"
Ed. Buenos Aires, Argentina; Buenos Aires 1975; 667 p.
(Ubica el estudio de gemelos basándose claramente en su concepto y clasificaciones. Explica, según Morrison, cuál es la división de las membranas en cada tipo de embarazo gemelar hasta llegar a ciertas anomalías como lo son gemelos siameses).

11. HURLOCK, Elizabeth; "El Desarrollo del Niño"
Ed. Mcgraw Hill; México 1988; 59-62 p.p.
(Presenta aspectos generales sobre gemelos tales como: concepto, clasificación, retraso en el desarrollo, desarrollo físico, intelectual, capacidades especiales, conducta social, personalidad, problemas de conducta, así como el ambiente antes y después del nacimiento de los gemelos y la actitud de los padres frente a ellos).

12. LANGMAN, Jan; "Embriología Médica"
Ed. Interamericana; tercera edición; México 1976; 384 p.

(Contiene un apartado en el cual se dan a conocer el origen y desarrollo de los gemelos partiendo de las membranas fetales y la placenta).

13. MUSSEN, *et. al*; "Desarrollo de la Personalidad en el Niño"
Ed. Trillas; México 1996; 2da. Edición; 63-80 p.p.
(Trata la importancia de las diferencias individuales en gemelos, aunque contengan la misma carga genética).

14. NOBLE, Elizabeth; "Having Twins"
Ed. Houghton Mifflin; New York 1991; 430 p.
(Localiza puntos básicos de la formación de los gemelos, tales como prepararse para la llegada de gemelos, los alimentos adecuados y precauciones de una madre con embarazo gemelar y para con los gemelos, el cómo evitar que los gemelos sean prematuros y en el caso en que lo sean qué cuidados no perder de vista, los estudios a los cuales se enfrenta una madre y la frecuencia de los mismos y consecuencias emocionales que causan la pérdida de los gemelos o alguno de ellos).

15. SANDWEISS, Ruth and Rachel; "TWINS"
Ed. Running Press; Philadelphia 1998; 144 p.

(Presenta 27 historias de gemelos, mostrando sus experiencias, algunos de ellos que han tenido la suerte de seguir compartiendo sus gustos profesionales y de vida y algunos otros que por diversas circunstancias han tenido que enfrentarse a retos por separado e incluso con alguna lesión).

Artículos

1. Dossiere genes
CLEFMANN; "El Código de la Vida: Gemelos: hasta sus células son idénticas"
Mundo Científico; 30-35 p.p.
(Da a conocer la importancia del DNA que se encuentra en los genes y lo difícil que es en un período considerado como largo que puedan llegar a existir dos personas geneticamente iguales ya que cada pareja puede procrear 70 billones de descendientes diferentes; exceptuando el caso de los gemelos idénticos).

2. Dossiere genes
SPITZ, Elizabeth; "Unos Gemelos Bien Dóciles"
Mundo Científico; Marzo 1996; 267-268 p.p.
(Presenta la heredabilidad del coeficiente intelectual partiendo de gemelos idénticos a los cuales la autora menciona como gemelos verdaderos a diferencia de los

gemelos fraternos y como las membranas fetales que comparten dentro de la madre los hace más o menos parecidos).

3. INVESTIGACIÓN Y CIENCIA
PLOMIN, Robert y DEFRIES, John; "Genética y Cognición"
Julio 1998; 16-23 p.p.
(Explica cómo las diferencias genéticas entre dos individuos condicionan la facilidad para el aprendizaje, no obstante muestran cómo en gemelos idénticos se da mayor similitud en habilidades cognitivas tales como lectura, vocabulario y números a diferencia de los gemelos fraternos, anteponiendo el factor genético sobre el factor ambiental, el cual, según los autores tiende a provocar diferencias entre los individuos e incluso entre gemelos idénticos).

4. MEDLINE
April, 1997 – December, 1997
November, 1998 – January, 1999
(Por medio de la utilización de este recurso conformado por discos para computadora (CD ROOM) se localizan un gran número de compendios sobre artículos

especializados y avances hasta el momento, entre ellos se encontraron estudios de gemelos en: personalidad, genética, influencias ambientales sobre el desarrollo, habilidades cognitivas, desordenes psiquiátricos, cuidados, etc., llevados a cabo por científicos de universidades e instituciones prestigiadas a nivel internacional y que se localizan dentro de revistas reconocidas sobre medicina, genética y psicología entre otras).

Direcciones en Internet

1. "Center of Study of Multiple Birth"
http://wwwpubweb.acns.nwy.edu/~lgk395/csmb.html
2. "The Inernational Society for Twin Studies"
http://kate,pc.helsinki.fi/twin/ists.html
3. "Mothers of Supertwins"
http://www.familyresourse.org/most/
4. "The National Organization of Mothers of Twins Clubs Inc."
http://www.nomotc.org
5. "NOFOTC: National Online Fathers Of Twins Club Home Page"
http://www.nofotc.org
6. "Twin Days Festival"
http://www.visi.com/~johnr/twins.html
7. "Twinless Twins International support"
http://www.fwi.com/twinless/
8. "The Twins Fundation"
http://www.twinsfundation.com

9. "Revistas Twins Magazine"
http://www.twinsmagazine.com/
10. "A Division of Harper Collins Publisher"
http://www.harpercollins.com

Asociaciones

Asociación Mexicana de Nacimientos Múltiples A.C.

Es una asociación civil, legalmente constituida que no persigue fines de lucro, fundada en agosto de 1995, por un padre de gemelos dicigóticos, biovulares ó fraternos el C.P. Pedro Alfonso Ochoa Ledesma, del Estado de Querétaro, lugar donde se encuentra su sede. Desde su fundación ha contado con la participación de personas tanto del sector público como del privado, organizando actividades con un amplio sentido social y altruista, teniendo como objetivos básicos los siguientes:

1. Promover en la República Mexicana, la comunicación y apoyo mutuo entre las familias compuestas por gemelos u otros nacimientos múltiples, teniendo como lema: "La integración familiar hace un mundo mejor"

2. Fomentar el conocimiento y estudio científico sobre nacimientos múltiples.

3. Establecer vínculos con agrupaciones similares a nivel internacional, creando la primer página electrónica hecha en Hispanoamérica sobre Nacimientos Múltiples: http://www.gemelos.org.mx

4. Colaborar con autoridades federales, estatales y municipales de turismo, logrando la institucionalización de un festival anual, espacio donde se genera la participación e integración de personas de este segmento social, reuniendo gemelos, trillizos, cuatrillizos, quintillizos, de todas las edades, de diferentes partes de México y el mundo, desarrollando actividades que faciliten el intercambio social, cultural, artístico, recreativo y deportivo entre otros, a través de esta agradable y original convivencia, única en su género en Latinoamérica.

Para mayor información contactar con:
• Asociación Mexicana de Nacimientos Múltiples A.C.
C.P. Pedro Alfonso Ochoa Ledesma
Av. El Retablo No. 47 - 107 b "Plaza del Río"
Colonia La Era C.P. 76150
Querétaro - Querétaro (México)
Teléfonos - Fax: (014) 2 12 60 50 y (014) 2 12 60 44
Correo electrónico: agemelos@mail.intermex.com.mx

OTRAS ASOCIACIONES EN HISPANOAMÉRICA

PAÍS	ENLACE	PÁGINA WEB Y CORREO ELECTRÓNICO
España	Elena Fernández	http://www.pagina.de/partosmultiples Correo electrónico: olalde@retemail.es
Argentina	Ximena Niell	http://www.egroups.com/group/multifamilias Correo electrónico: lonyxime@arnet.com.ar
Puerto Rico	Yueli Peña	http://www.geocities.com/gemelos.pr Correo electrónico: melendz8@caribe.net
República Dominicana	———	http://members.xoom.com/gemelos/

OTRAS ASOCIACIONES EN EL RESTO DEL MUNDO

PAÍS	ENLACE	PÁGINA WEB
Estados Unidos de América	ITA International Twins ssociation	http://www.intltwins.org
Canadá	POMBA Parents of Multiple Association of Canada	http://www.pomba.org/
Francia	Jumeaux et plus, L'association	http://www.jumeaux-et-plus.asso.fr
Sudáfrica	SAMBA South Africa Multiple Births Association	http://www.span.com.au

Apéndice 3

Acerca de la autora

Acerca de la autora

Estudios	Fechas
Primaria Instituto Miguel Ángel	1981-1987
Secundaria Instituto Miguel Ángel	1987-1990
Preparatoria Instituto Miguel Ángel	1990-1993
Profesional Universidad panamericana Facultad de Pedagogía No. cédula profesional 2694539	1993-1997
Cursos, talleres y programas con valor curricular	
• *La orientación a padres con hijos adolescentes* **Instituto Panamericano de Ciencias de la Educación**	1995

124   GEMELOS

	Fechas
• *Taller para profesionales de la educación sobre alcoholismo y drogadicción* **Monte Fenix, Centro de Integración para Adictos y Familiares**	1995
• *La educación en los medios de comunicación cara al siglo XXI* **Universidad Panamericana, Facultad de Pedagogía**	1996
• *La función del pedagogo en la orientación vocacional* **Estilos Educativos: atención profesional en orientación educativa**	1996

	Fechas
• Atención Psicopedagógica Integral (API) Orientadora familiar	1996
• Despacho del psicólogo Miguel M. Barragán Gutiérrez Zamora Orientadora familiar y vocacional	1998
• Kindergym (Gymboree) Maestra de maternal (1 año 6 meses – 2 años 6 meses)	1999
Investigaciones sobre gemelos	
• Investigación en el Instituto Nacional de la Comunicación Humana	1998-1999
• Investigación en el Centro Médico siglo XXI	

GEMELOS quedó totalmente impreso y encuadernado el 30 de junio del 2000. La labor se realizó en los talleres del Centro Cultural EDAMEX, Heriberto Frías 1104, Col. del Valle, México, D. F., 03100.

CALIDAD TOTAL